Couverture inférieure manquante

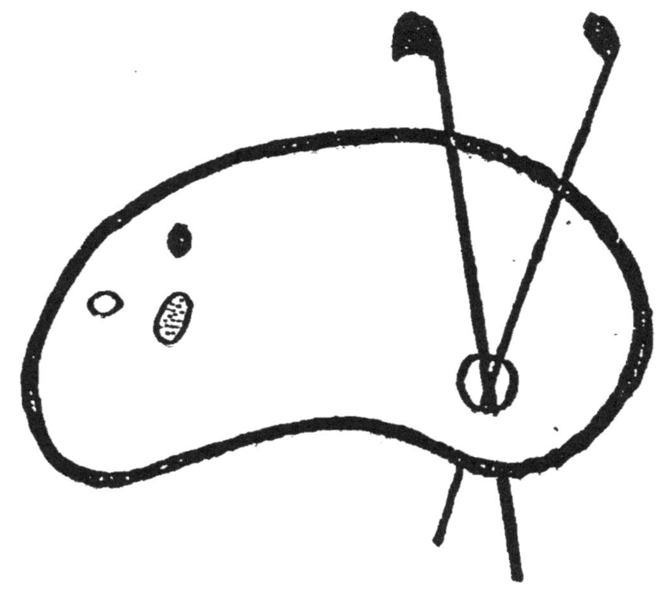

DEBUT D'UNE SERIE DE DOCUMENTS
EN COULEUR

F. DE VILLENOISY

LA GUERRE SINO-JAPONAISE ET SES CONSÉQUENCES POUR L'EUROPE

PARIS
11, Place Saint-André-des-Arts.

LIMOGES
46, Nouvelle Route d'Aixe, 46.

Henri CHARLES-LAVAUZELLE
Éditeur militaire.

1895

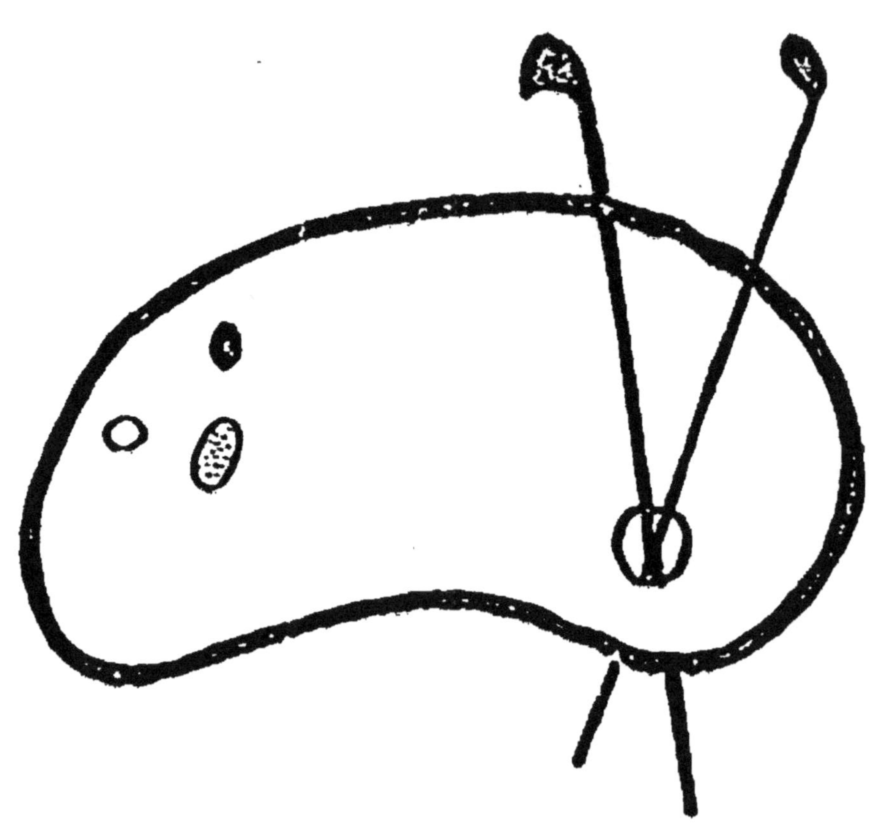

FIN D'UNE SERIE DE DOCUMENTS
EN COULEUR

LA

GUERRE SINO-JAPONAISE

ET SES CONSÉQUENCES POUR L'EUROPE

F. DE VILLENOISY

LA GUERRE SINO-JAPONAISE

ET SES CONSÉQUENCES POUR L'EUROPE

PARIS
11, Place Saint-André-des-Arts.

LIMOGES
46, Nouvelle Route d'Aixe, 46.

Henri CHARLES-LAVAUZELLE
Éditeur militaire.

1895

LA
GUERRE SINO-JAPONAISE
ET SES CONSÉQUENCES POUR L'EUROPE

I

La guerre soutenue par le Japon contre la Chine est l'un des faits politiques les plus considérables des temps modernes. Les conséquences, que nous verrons se développer dans un avenir prochain, seront peut-être plus graves que tous les remaniements de la carte d'Europe depuis un siècle, et comparables à la formation du vaste empire colonial de l'Angleterre, ou à l'unification du monde ancien par Rome. On peut prévoir en effet :

La formation dans l'extrême Asie d'une grande puissance maritime, dont l'influence s'étendra un peu partout sur le globe;

Une crise de l'Angleterre, et, sinon la destruction de sa puissance actuelle, au moins une diminution sensible, car une marine ne peut s'élever qu'aux dépens de la sienne;

Un remaniement complet de la vieille société chinoise; l'empire se relèvera rajeuni, si l'impulsion part du trône comme au Japon, ou il se formera une série de petits Etats n'ayant de commun que l'origine chinoise de leur civilisation, s'il y a un démembrement analogue à celui de l'empire romain;

Enfin, à l'autre bout du monde, il peut se former un concert des peuples jaunes qui, sous la tutelle japonaise ou chinoise, feront à l'Europe et jusque chez elle une concurrence redoutable.

Les arguments ne manquent pas à l'appui de ces prévisions.

La marche que suit l'histoire d'un peuple dépend de ses qualités de race, du climat, de l'état social de ses voisins, mais surtout de la configuration géographique du pays qu'il occupe et de la largeur de vues de ceux qui le gouvernent.

Dans une vallée comme celles du Nil, de l'Euphrate, des grands fleuves de l'Inde et de la Chine, assez vastes pour suffire longtemps à tous les besoins d'une nation isolée et encore restreinte, la civilisation peut naître et se développer sur place presque indéfiniment. C'est ce que M. Metchnikoff a exposé d'une manière fort brillante.

Pour un peuple insulaire ou fixé au bord d'un continent sur lequel il ne peut se développer, la situation est toute autre. Son rôle n'est jamais proportionné à son territoire ou à sa population. Isolé et réduit à ses propres ressources, la ceinture d'argent qui l'enserre le met bien en dessous de n'importe quelle fraction égale de continent. Si par le commerce ou les alliances il cherche à se relever, le talent de ses hommes d'Etat, l'habileté de ses marchands et de ses marins déterminent seuls la puissance d'une nation pour qui son île n'est plus qu'un port d'attache, trop petit peut-être pour recevoir plus du dixième de ses enfants. Telle était la situation de Tyr, de Sidon, de Carthage, de Syracuse, de Venise, de Raguse, telle est celle de l'Angleterre, telle sera, demain, sans doute, celle du Japon.

Les Japonais se sont donné un mal fort inutile pour justifier aux yeux des diplomates européens leur agression contre la Chine. Elle a un motif fort simple, le même qui a fait prendre par l'Angleterre les colonies africaines dont le Portugal ne savait tirer aucun parti: c'est que la prépondérance doit toujours appartenir à qui est en mesure de l'exercer réellement, et que si les services passés assurent à ceux qui les ont rendus une place glorieuse dans l'histoire, ils ne sauraient constituer un titre à un peuple vieilli et débilité pour conserver un sceptre que des mains plus fortes tiendraient mieux. Cette raison de fait, après avoir aidé à la grandeur de l'Angleterre, va servir à celle du Japon.

La grandeur maritime de l'Angleterre, établie au XVIIIe siècle après la décadence successive des empires coloniaux portugais, espagnols et vénitiens, s'est constituée très vite et surtout aux dépens de la France.

Sous Louis XV, il n'y avait que l'Angleterre, sortie enfin des crises intérieures, qui pût nous disputer l'hégémonie du monde moderne en formation, mais la plupart des chances nous étaient favorables. L'Espagne en décadence était devenue une sœur et une alliée; la Hollande, enfin notre amie, n'était pas en mesure de nous porter ombrage; le reste de l'Europe était sans force ou morcelé. Depuis François Ier la monarchie était alliée aux Turcs, maîtres de la Méditerranée. Les flottes de Louis XIV égalaient celles de l'Angleterre et de la Hollande réunies; l'ordre militaire et maritime de Malte était un satellite de la France; ses vaisseaux, les religieux de la Trinité et de la Merci auraient pu nous conquérir l'Afrique entière. Malgré les tristesses des dernières campagnes du grand roi, notre marine restait au premier rang. Avec l'aide de hardis aventuriers, elle conquérait le Canada, la Louisiane, le Sénégal, prenait pied à Madagascar; des relations se nouaient avec la Chine et l'Indo-Chine; Dupleix fondait l'empire des Indes. La criminelle paresse de Louis XV, prince égoïste et jouisseur, l'inexcusable indifférence de l'opinion publique pour les questions coloniales livrèrent aux Anglais une fortune inespérée et tous les fruits de la politique de Richelieu et de Louis XIV.

Ils ne négligèrent rien pour conserver l'empire qu'on leur abandonnait. La marine française, reconstituée en partie par Louis XVI, leur causait de justes inquiétudes. Le chef de l'escadre envoyée au secours de Toulon révolté contre la Convention avait ordre non de défendre la ville, mais d'incorporer dans sa flotte tous les vaisseaux français qu'il pourrait prendre dans la rade et d'incendier les autres; il remplit ce mandat avec une rigueur qui révolta les Anglais eux-mêmes. Puis les guerres de l'empire, le désastre de Trafalgar, consommèrent notre ruine maritime.

Une prépondérance à ce point hors de proportion avec la surface et la population d'un petit pays comme les Iles Britanniques ne subsiste qu'au prix d'une incessante vigilance. Depuis un siècle les Anglais ont été les champions très intéressés de l'équilibre européen et de tous les équilibres; toujours il fallait éviter la formation d'un groupe d'Etats dont les forces ou les influences réunies pussent leur porter ombrage. Lorsque malgré la constitution nouvelle du Dominion of Canada, les Etats-Unis furent devenus maîtres de l'Amérique du nord, suzerains du centre et du sud, que le percement du canal de Suez eut rapproché l'Extrême-Orient de l'Europe, toute l'attention des hommes d'Etat anglais se tourna de ce côté. Ils mirent la main sur Chypre pour y constituer une halte et un sanatorium; ils prirent l'Egypte pour fermer la route aux autres puissances, surtout à la France, et cherchèrent à devenir les civilisateurs de la Chine, ses conseillers en toutes choses. Notre établissement en Cochinchine et au Tonkin n'était pas menaçant. Du reste la prépondérance commerciale assurait la prépondérance politique.

C'est à ce moment que la guerre sino-japonaise éclatant tout à coup a révélé une situation que leurs hommes d'Etat les plus prévoyants ne soupçonnaient même pas, et a fait entendre à leurs oreilles les craquements précurseurs de la chute du colosse si rapidement élevé et en apparence si solide.

La force de l'Angleterre repose sur la stabilité et la sagesse de son gouvernement, l'union de tous sur les questions qui intéressent l'honneur national, l'énergie d'une race prolifique entre toutes, la possession d'une langue simple jusqu'à être rudimentaire et capable de rendre toutes les nuances de la pensée, ce qui en fera une langue universelle.

Cet immense empire renferme néanmoins des

germes désorganisateurs spéciaux et capables d'agir, dans des circonstances critiques, avec une surprenante rapidité. Son étendue multiplie lès points vulnérables en même temps que les ressources. Les Anglo-Saxons se juxtaposent aux autres races sans se fondre avec elles ou se les assimiler, car leurs idées et leurs mœurs sont trop foncièrement nationales pour être comprises. Bien plus, malgré le bien-être matériel procuré à des sujets privés d'une inutile indépendance, ils sont toujours détestés de ceux qu'ils dominent, et qui n'osent les braver, se sachant domptés d'avance s'ils le tentaient. Enfin l'Anglais, aussi énergique que le Chinois est patient et laborieux, a comme lui un patriotisme surtout local. Il se sent sujet de la reine s'il a pour rivaux d'autres Européens; mais la métropole lui semble bien éloignée, et là où sont ses intérêts et sa résidence, là est la patrie. Par patriotisme il rompt avec un pays d'origine qui entrave son libre essor. On l'a vu lorsque les colonies d'Amérique ont proclamé leur indépendance; lorsque, pour prévenir des pertes du même genre, il a fallu organiser les colonies de self-government.

Bien que limitée dans l'avenir par les progrès coloniaux de la France, de la Belgique, de l'Allemagne, menacée de la séparation possible de certaines colonies, l'Angleterre se développait toujours, édifiait un superbe empire africain pour remplacer un jour les inévitables pertes, recevoir l'excès d'une population toujours croissante et préparer sa transformation de puissance maritime en puissance continentale. En attendant, en vue des luttes possibles, elle renforçait toujours sa flotte, mais on ne songeait comme adversaire qu'à une puissance européenne, peut-être la France, ou américaine, les Etats-Unis. Mais, jamais aucun homme d'Etat anglais n'avait cru que le danger pût venir de l'un de ces peuples non caucasiques, auxquels on avait enseigné si longtemps qu'ils appartenaient à des races inférieures, et que la race blanche était la race noble, appelée naturellement à dominer toutes les autres ; théorie qui semble un sophisme, mais qui fut longtemps d'accord avec les faits.

Nulle puissance n'ayant autant d'intérêt que l'Angleterre dans les questions coloniales et n'y ayant apporté autant de soins, l'opinion anglaise était rarement mise en doute. Dès le début des hostilités, l'opinion publique européenne, hésitante, s'était tournée vers Londres, où l'on devait connaître le Japon et où l'on était au courant des affaires de la Chine, afin de savoir ce qu'il fallait penser. Devant l'attitude du gouvernement britannique, tous crurent à la défaite finale des Japonais, et jusqu'à la victoire navale de Yalu leurs succès ne réussirent pas à détromper l'Europe. Le Foreign Office fut victime d'un véritable mirage politique. Ne considérant que l'énormité des achats faits par la Chine alors qu'elle était encore fermée et la densité de population dont c'était l'indice, il prit le nombre pour une preuve de force. C'était s'abandonner une fois de plus à la superstition dangereuse des gros bataillons; le souvenir des conquêtes mongole et mandchoue aux XIIIe et XVIIe siècles auraient dû préserver de pareille erreur; les résultats de la guerre actuelle en achèvent la ruine.

L'écrasement rapide de la présomptueuse petite nation semblait à ce point inévitable qu'au début du siège de Port-Arthur quelques capitaines anglais ont, paraît-il, par une manœuvre intentionnellement maladroite de leurs projecteurs électriques, fait échouer une surprise des torpilleurs japonais et rendu aux Chinois un de ces petits services qui entretiennent ou préparent l'amitié. Lorsqu'il fallut se rendre à l'évidence, reconnaître, non seulement l'incontestable supériorité des Japonais, mais encore la longue et minutieuse préparation de leur campagne, l'irritation fut vive en Angleterre, car l'atteinte aux intérêts politiques se doublait d'une blessure d'amour-propre. Il était pénible de voir surgir, aux extrêmes limites de l'Asie, un véritable Etat européen de race jaune, sans avoir soupçonné sa prochaine naissance.

II

On a compris enfin que cette guerre, qui modifiera tout l'échiquier politique de l'Extrême-Orient, a été combinée à l'avance par un peuple qui a toujours su, depuis trois siècles et demi, se servir des Européens en les réduisant au rôle d'instruments, et cela de nos jours comme au temps de Philippe II.

L'empereur du Japon a lui-même préparé de longue date la campagne de Corée et celle de Chine, et l'on peut être sûr que le prince qui en vingt-sept ans a transformé un peuple comme nul souverain ne l'avait fait depuis Massinissa pour les Numides, poursuivra jusqu'au bout le plan qu'il a élaboré.

Ces deux guerres devaient depuis longtemps lui

sembler inévitables. Le Japon avait eu à toute époque des rapports parfois tendus avec la Chine, suzeraine incontestée des races jaunes, et les deux pays exerçaient sur la Corée une tutelle nominale. Dès 1867, le roi de Corée, profitant de la crise intérieure que traversait l'empire du mikado, avait refusé sous des prétextes de pur cérémonial de recevoir la notification officielle de l'établissement du nouveau régime. L'empereur, qui ne disposait pas encore d'une armée instruite à l'européenne, supporta cette provocation et celles qui suivirent, se contenta de satisfactions plus ou moins équivoques et contint à grand'peine l'ardeur belliqueuse de l'ancienne armée des Samouraï. La nécessité même de cacher ses sentiments après l'affront reçu a dû rendre plus vif son désir de revanche. Il a sans doute prévu qu'il ne pourrait porter la main sur la Corée sans être en mesure de priver pour toujours la Chine de sa suprématie, malgré le mauvais vouloir possible des puissances européennes. Il y a pensé toujours sans jamais le laisser voir et ne s'est cru en mesure de le faire qu'après vingt-cinq ans de préparatifs et de méditations.

Les succès militaires du Japon sont la juste récompense de la prévoyante sagesse du souverain. Laissant à ses sujets le rancuneux désir d'humilier, sans profit aucun, la monarchie chinoise, il recueille les résultats utiles, en conservant toutes les apparences de la modération. Il n'introduit dans le traité de Simonosaki aucune de ces clauses qui rendent tout rapprochement impossible entre vainqueur et vaincu, il ne veut pas entrer à Pékin, il ne demande pas à l'empereur de la Chine de venir au-devant de lui en suppliant, mais il revendique la Corée, la presqu'île de Liao-Tong avec l'arsenal de Port-Arthur, c'est-à-dire les clefs de la mer Jaune et du golfe de Petchili; il y joint Formose et ses dépendances, dominant ainsi la Chine méridionale. Prévoyant les protestations possibles, il essaye de les réduire au silence en ouvrant toutes les voies de pénétration au libre commerce des puissances, qui en useront à leur guise sans se réserver d'avantages spéciaux, et leur procure une courte période de grand essor commercial; mais il s'empare de toutes les îles de quelque importance, depuis le Kamtchatka jusqu'aux Philippines, constituant ainsi un vaste filet dont les mailles arrêteront absolument le commerce européen, auquel il donne aujourd'hui une aide plus apparente que réelle.

L'échange conclu avec la Russie des îles Kouriles contre celle de Sakhalin n'avait pas attiré l'attention sur un plan que l'envoi d'un gouverneur aux Bonin et l'annexion des îles Riou-Kiou auraient dû faire deviner. Il prend par celles de Formose et des Pescadores un caractère que les manufacturiers anglais ne comprendront que trop le jour où l'industrie japonaise se sentira prête pour une lutte d'où elle sortira victorieuse. Ce jour-là aussi les archipels océaniens seront bien près de changer de maîtres. La nouvelle grande puissance est dans une mer où ses flottes sont désormais maîtresses, ayant sur son territoire des arsenaux où elle peut construire des cuirassés que l'Espagne, l'Italie et la Chine doivent acheter en Angleterre, en France ou en Allemagne. Elle trouve tout sur un sol national qu'elle exploite on ne peut mieux et ne relève de l'étranger que pour des satisfactions de mode, dont le goût passe déjà. L'adoption des mœurs européennes n'aura été qu'un ferment qui disparaîtra dès que la transformation interne dont il est la cause et l'instrument sera achevée. Il n'est pas jusqu'aux découvertes les plus modernes, les plus individuelles des savants européens que leurs élèves ou leurs émules de l'Extrême Asie n'aient su naturaliser chez eux et développer dans leurs laboratoires.

Il faut une marine indépendante à des insulaires qui ne peuvent satisfaire chez eux tous leurs besoins ou toutes leurs ambitions. Le Parlement anglais n'a jamais refusé les crédits destinés à la flotte, et de même le Japon moderne a dirigé ses premiers efforts vers la création d'arsenaux maritimes capables de construire sans aucune aide européenne. Il y a réussi; sa flotte, imposante par elle-même, s'est augmentée de toute celle de la Chine. Les anciens cuirassés et croiseurs construits en Angleterre pour le compte des vaincus assurent la suprématie du Japon dans des mers où les Anglais, privés d'arsenaux, ne peuvent envoyer qu'une partie de leur flotte.

Les luttes modernes entre nations prennent les formes les plus diverses, et ne se déroulent plus que rarement sur les champs de bataille. Celle qui a lieu en ce moment doit comprendre deux phases bien distinctes. La première a eu pour acteurs le Japon et la Chine, avec intervention possible de l'Angleterre et de la Russie. Son objet a été le transfert du sceptre de l'Extrême-Orient des mains de la Chine, puissance exclusivement continentale, à celles du Japon, qui sera de toute nécessité un peuple maritime.

La Russie se croit intéressée à ce que le Japon ne s'élève pas outre mesure; en cela elle se trompe. On peut répéter à propos du Japon le mot de Bismarck prononcé au sujet de l'Angleterre : « Une lutte avec la Russie serait le duel de la baleine et de l'éléphant ». De par des raisons géographiques la Russie ne sera jamais qu'une puissance maritime de second ordre, n'ayant jour que sur des mers fermées, tandis que sur le continent elle sera souveraine.

L'Angleterre au contraire risque d'être la vaincue d'une guerre où ses armes n'ont pas été engagées. La Chine se défend par l'énormité de sa masse et l'homogénéité de sa civilisation; aussi, après la crise, quel que soit son sort politique, pourra-t-elle profiter des réformes qui s'imposeront. L'Angleterre, elle, est toujours atteinte, et de deux façons : elle ne peut, sans déchoir, laisser une puissance maritime quelconque s'égaler à elle, dans quelque partie du monde que ce soit; elle perd tout ce que le Japon gagne dans les mers de Chine et gagnera plus tard dans le reste du globe. En outre, elle verra tomber aux mains des Japonais la haute situation si lentement et si patiemment conquise en Chine et qu'elle utilisait au profit de son commerce; ce sera la seconde période.

En effet l'empire du Soleil Levant occupe, à l'est de l'Asie, la même situation géographique que les Iles Britanniques à l'occident de l'Europe, il se relie à l'ancien monde par la Sibérie orientale et correspondra directement avec l'Europe dès que le Transsibérien sera construit. Par ses acquisitions nouvelles, il dominera la Chine autant que par ses victoires, et il va être l'instrument de son ouverture aux influences étrangères. La configuration allongée du Japon, la possession des îles Riou-Kiou, l'annexion de Formose, lui ouvrent le libre accès des archipels océaniens, qui appartiendront de droit à la puissance maritime maîtresse des arsenaux les plus proches. Il a, pour commercer avec la côte occidentale des deux Amériques, un parcours moins long à faire que celui imposé aux flottes anglaises. Il en est de même pour l'Inde.

Contre cette expansion imprévue du Japon, les Anglais sont à peu près désarmés. Ils ont manifesté l'intention de lui interdire, lorsque se conclurait la paix avec la Chine, les conditions qui feraient de lui une grande puissance. Comprenant les graves conséquences d'événements qu'ils n'avaient pas su prévoir, ils voulaient, avant de connaître les demandes du mikado, empêcher l'annexion de Formose, des îles et points stratégiques du littoral, s'ils l'avaient osé la conservation de la flotte conquise, c'est-à-dire les fruits de la victoire maritime. La presse proclamait bien haut qu'il existe en Asie divers Gibraltars dont l'occupation serait un *casus belli*. Le Foreign Office suivait certainement avec une anxiété croissante les progrès de la guerre, la chute successive de ces Gibraltars chinois, mais, se sentant désarmé, il n'avait pas négocié avec la Russie sur la base d'une double intervention. Les Russes, de leur côté refusaient au Japon la Corée déjà conquise et les provinces chinoises déjà envahies. S'il avait eu les projets qu'on lui supposait et refusé de tenir compte de semblables injonctions, je ne dis pas de quel droit, il y en a peu en politique, mais par quel moyen aurait-on pu lui enlever sa proie ? Le Transsibérien n'était pas encore construit et en mesure de pourvoir aux besoins d'un corps russe là où l'armée japonaise évoluait victorieusement depuis des mois.

La situation de l'Angleterre était plus délicate encore ; elle n'avait pas comme la Russie la possibilité de faire part à deux en s'annexant les territoires mandchous à sa convenance ; elle ne possède dans les mers de Chine qu'une influence morale, riche en profits matériels, mais qui n'a comme assiette territoriale que la petite île de Hong-Kong et une part dans les concessions européennes. Le commerce de cabotage appartient en entier aux jonques chinoises ; le commerce au long cours est accessible aux navires des autres nations comme aux siens. Tous ses bâtiments de commerce sont protégés et surveillés par les croiseurs qui font la police des mers. C'est dans ce droit de police ou plutôt dans cet exercice de la police maritime que réside partout la force des Anglais ; c'est ce rôle que la japonisation de la flotte chinoise fera d'ici peu changer de mains.

L'Angleterre ne pouvait acheter la modération tardive du Japon : qu'eût-elle offert qu'il ne fût à même de conquérir et dont l'abandon ne fût préjudiciable aux intérêts britanniques ? La voie militaire lui était doublement fermée. L'occupation de l'Egypte, l'expédition du Tchiral, immobilisent des troupes en tout temps peu nombreuses, car on se souvient que pour fournir les effectifs promis lors de la guerre de Crimée les Anglais durent demander le concours de Victor-Emmanuel. L'énorme retentissement qu'un revers même léger aurait eu dans leurs colonies asiatiques, les soulèvements ou les intrigues qui en seraient résultés aux Indes et en Birmanie interdisaient de faire intervenir la flotte. En effet l'influence de l'Angleterre est surtout morale, sa force est affaire d'équilibre et d'intimidation ; elle peut se comparer à un homme aux prises avec de nombreux adversaires et les tenant en respect tant que le coup unique dont il dispose n'a pas fait de victime. La guerre entre les deux pays eût été une lutte à mort ; on s'y serait disputé le sceptre des mers avec égalité de science navale et courage. Il y aurait eu écrasement du vaincu, et le vainqueur se serait longtemps ressenti de ses blessures.

L'Angleterre victorieuse aurait peut-être vu quelque puissance rivale prendre sur elle une supériorité temporaire. Vaincue, son empire se serait effondré; or la possibilité d'un revers maritime est loin d'être ici un simple argument à l'appui d'une thèse toute spéculative. L'Angleterre aurait eu devant elle un adversaire dont la politique habilement prévoyante, ainsi que la force militaire et maritime, inspirent le respect, qui occupe une situation géographique des plus avantageuses, chez qui l'ambition patriotique est exaltée en ce moment au delà de toute limite. Enfin, la rapidité sans exemple avec laquelle il a su se séparer du passé, refaire son organisation sociale, ses mœurs, son outillage, déroute tous les calculs et risque de fausser toutes les prévisions.

III

Les Anglais, atteints d'une manière générale, mais pour un avenir encore lointain, par la création d'une Angleterre asiatique, si je puis m'exprimer ainsi, le sont encore et plus directement dans l'influence qu'ils avaient su prendre sur le gouvernement chinois. En attendant que l'industrie japonaise soit à même de suffire aux besoins nouveaux de la Chine enfin ouverte il se peut que la campagne qui finit profite surtout aux concurrents commerciaux des Anglais.

Lorsqu'en demandant l'aide de l'Europe entre la prise de Port-Arthur et celle de Wei-Hai-Weï, l'empereur de la Chine promettait en retour l'entière ouverture de ses Etats, on pouvait penser que ce vaste pays se réorganiserait sous la direction à peu près exclusive d'une puissance européenne. En ce cas, tout le profit de cette entreprise de régénération politique, sociale, industrielle, de cette mise au creuset de l'empire chinois entier, appartiendrait au peuple heureux qui aurait su le soustraire au vainqueur. A quel autre pays que l'Angleterre cette mission aurait-elle pu appartenir? N'a-t-elle pas réprimé l'insurrection des Tae-Pings qui en 1865 mit en danger l'unité chinoise? N'a-t-elle pas été depuis cette époque la conseillère constante de la Chine? N'a-t-elle pas entretenu avec elle un commerce annuel de plus d'un milliard, créé les établissements industriels qui s'y trouvent, organisé le service des douanes, la seule ressource du trésor impérial, service immense, qui peu à peu se substitue à toutes les branches de l'administration, et dont presque tous les agents ainsi que le chef suprême sont anglais? Le vice-roi du Petchili, Li-Hong-Tchang, n'a-t-il pas dû joindre à son cabinet chinois un cabinet anglais? Ce rêve brillant d'une conquête commerciale, indirectement due aux armes japonaises, n'a pas été long. On apprenait, à peu de jours de distance, le rejet par le mikado de l'offre officieuse de médiation de l'Angleterre, puis l'acceptation des services du ministre des Etats-Unis. Les pourparlers subséquents ont toujours eu lieu par l'intermédiaire des agents américains.

Lorsqu'ensuite les appels de la Chine ont pris une forme plus officielle, c'est à toutes les puissances qu'elle s'est adressée, et si l'une d'elles a eu près des Etats-Unis une place à part, ce n'a pas été l'Angleterre, mais la Russie. La cause en est naturelle : l'Angleterre est une étrangère qui ne peut invoquer d'autre intérêt que celui tout égoïste de son commerce, toujours onéreux pour ceux qu'elle exploite ; au contraire la Chine et la Russie, puissances également asiatiques, ont un intérêt territorial, c'est-à-dire patriotique, à ce que l'équilibre ne soit pas rompu au profit du Japon. On voit donc que la Chine n'entend pas, même vaincue et humiliée, devenir la proie des occidentaux, elle s'empare, dans la mesure où un vaincu peut le faire, de la doctrine de Monroë et limite l'intervention étrangère aux pays qui ont avec elle une similitude d'intérêts moraux et non commerciaux.

C'est là encore une menace pour l'Angleterre, car si la Russie est une puissance asiatique dans l'Extrême-Orient, elle est une rivale, une ennemie éventuelle même, du côté des Indes, de l'Afghanistan et de la Perse. Les Etats-Unis, malgré la communauté de langue, sont des adversaires, des voisins dangereux qui, un jour ou l'autre, absorberont le Dominion qu'ils convoitent depuis longtemps. Lorsque ce riche fleuron se détachera de la couronne britannique, la perte commerciale surpassera la perte morale.

L'attitude de la Chine montre que dans son travail de rénovation prochaine, elle s'inspirera surtout de ses affinités ethniques. Race jaune, elle se rapprochera si possible du Japon, frère ennemi maintenant, mais frère quand même, et se réconciliera avec lui aux dépens de l'Europe, c'est-à-dire de l'Angleterre. Le gouvernement, pour échapper aux risques d'absorption, cherchera l'appui des Russes, peuple semi-européen, semi-asiatique, qui ne fait qu'entrer en scène et s'adapte avec une plasticité merveilleuse aux mœurs des races les plus diverses. Les Etats-Unis pourvoiront à tous les besoins matériels que l'industrie japonaise ne pourra pas satisfaire, et la Chine s'adressera à ce pays avec d'autant plus de confiance qu'elle le sait résolu à ne jamais compromettre son avenir commercial en Asie par des essais de conquête condamnés d'avance. Peut-être le commerce de l'Angleterre subira-t-il le contre-coup de l'insuccès de ses diplomates.

IV

Avec la formation d'une puissance maritime asiatique, qui bientôt peut-être viendra chercher l'Europe chez elle, et le danger qui menace la toute-puissance britannique, la transformation probable de la Chine sera l'une des plus graves conséquences des événements actuels.

Ce pays en retard de plusieurs siècles, après avoir été le civilisateur de toutes les populations jaunes, renferme à l'état latent des ressources physiques inépuisables et des réserves non moins grandes d'activité humaine. Il ressemble à beaucoup de cadavres politiques dont l'histoire nous montre la liquidation; empires au passé parfois glorieux fondés par des races nobles et dignes d'un meilleur sort, mais qui ayant cru pouvoir impunément s'isoler dans la contemplation d'eux-mêmes, sont devenus la proie de voisins plus jeunes et mieux armés. La Chine ne peut se comparer cependant ni à Byzance, ni à la Pologne ou à la Turquie; sa civilisation était complètement isolée jusqu'à une date récente, elle était plus forte que tous les tributaires groupés autour d'elle. Les périodes de décadence qu'elle a traversées n'étaient que des crises internes, et si alors elle a été conquise, c'était par des voisins de même race rapidement assimilés.

Maintenant il n'en est plus de même; aussi la formidable secousse qu'elle éprouve a-t-elle chance d'inaugurer une ère différente. La vieille Chine va faire place à une Chine nouvelle, mais ces antiques races jaunes nous sont si étrangères et si mal connues qu'il serait téméraire de vouloir pronostiquer ce qu'elle deviendra. Le Japon sur lequel les principaux intéressés croyaient n'avoir plus rien à apprendre en est une preuve. Jusqu'ici, elle est restée immuable à travers des crises qui relevaient toujours des mêmes causes et où, même vaincue, elle était moralement supérieure; maintenant les circonstances sont différentes. Le Japon qui l'attaque est armé de toutes les ressources des méthodes européennes dont il a su s'assimiler l'esprit. Tous les peuples chrétiens se sont unis pour faire pénétrer leur civilisation et leur commerce, et malgré la force d'inertie d'un empire vieux de 4.000 ans, la lutte semble inégale contre l'univers entier.

Il est impossible de deviner par quelle voie le pays se transformera. Y aura-t-il renversement de la dynastie mandchoue ou prendra-t-elle l'initiative des réformes? S'il en est ainsi, la Chine passera par les phases que le Japon a traversées depuis 1867, plus vite peut-être, car la situation est grave et demande un prompt remède. Il y aura, entre les deux révolutions, toute la différence qui sépare un peuple de 400 millions d'âmes d'un peuple de 36 millions.

Mais cette renaissance de la Chine par une rupture complète avec le passé est-elle possible après tant de siècles de traditions contraires? et si elle a lieu, se fera-t-elle au profit de l'empire arraché à sa décadence actuelle, ou ne profitera-t-elle qu'à la race chinoise après le démembrement du pays? La seconde hypothèse est la plus probable.

La Chine se défend par sa force d'inertie, la densité de sa population, l'endurance et la sobriété des races laborieuses qui l'habitent, mais elle n'a pas d'armée et l'esprit militaire lui fait défaut pour s'en constituer une. Elle est vaincue par un petit Etat doué de toutes les qualités qui lui manquent, allégé du bagage de traditions surannées auquel elle se cramponne; les puissances européennes la guettent, la France au sud, la Russie au nord, l'Angleterre par mer et à l'ouest; il lui faudrait un immense effort, un réveil de patriotisme presque sans exemple dans l'histoire, pour se soustraire à ceux qui profiteraient de son démembrement.

Le patriotisme très réel des Chinois a pour objet, non le pays entier dont l'ensemble leur est inconnu et dont les intérêts leur échappent, mais le coin qui les a vus naître. Ces caractères se retrouvent dans tous les grands Etats qui se sont morcelés dès que le lien artificiel qui les reliait a reçu quelque choc. Chaque province forme un Etat à part, que des liens trop fragiles attachent nominalement au gouvernement central. L'autorité de l'empereur, chef surtout religieux, n'a qu'une base morale ou plutôt historique.

Les Européens établis en Chine sont frappés de l'ignorance du gouvernement sur tout ce qui concerne les provinces. Les vice-rois sont de véritables grands vassaux, nommés et temporaires, libres dans le choix des voies et moyens, et n'ayant à répondre que de l'insuccès final de leurs actes. Outre la Mandchourie, la Mongolie et la Chine propre, l'empire comprend encore des Etats vassaux dont la dépendance est moins grande que ne le ferait croire le simple examen de la carte. Les provinces ont peu de rapports entre elles, et c'était même une maxime politique de l'empereur Chang-Hi d'éviter les relations entre celles du nord et celles du sud. Les dialectes diffèrent assez de l'une à l'autre pour que le caractère idéographique de l'écriture rende seul possible l'échange des idées. Le mauvais état des routes et des canaux, fort mal entretenus depuis un siècle, aggrave cette situation. En tenant compte de l'intérêt des Japonais et des Européens à commercer avec le pays sans qu'il ait une organisation forte, on verra que les chances de morcellement de la Chine sont nombreuses. Du reste le fait s'est produit à plusieurs reprises, sous la troisième dynastie, à la chute de celle des Han, enfin au xe siècle de notre ère. La Corée et l'Indo-Chine ont été autrefois réduites en provinces.

Un dernier démembrement ne serait pas invraisemblable. On aurait alors l'exacte répétition de ce qui s'est vu à la chute de l'empire romain. Pour nos pères, ce n'était pas une monarchie à part, mais l'unification du monde civilisé : tout peuple possédant un passé historique en faisait partie de droit, le reste n'était que barbarie. L'empire devait être éternel, et cette idée préconçue devenait un obstacle à l'évolution de la pensée humaine ; sa chute bouleversa toutes les conceptions admises, fit croire à la fin du monde et par là même en rendit la reconstitution impossible. Mais sa mort, comme Etat politique, ne ruina en rien les conséquences sociales de son existence ; elles se sont développées depuis, se développent encore, et il existe un groupe romain, distinct des groupes germaniques, slaves, musulmans et chinois. De même pour la Chine : elle forme aux yeux de ses enfants, par une même conception *à priori*, le monde civilisé lui-même, l'empire du Milieu, autour duquel se groupent les monarchies admises à l'honneur d'être vassales, puis celles dont on veut bien accepter les tributs; enfin, bien loin sur la périphérie et par delà les mers, les peuples barbares et inconnus. L'empire doit avoir la même durée que le monde avec lequel il se confond : seul, son démembrement ruinerait cette idée, obstacle invincible à toute rénovation intellectuelle, car elle s'appuie sur quatre mille ans d'histoire et sur l'absorption rapide des deux peuples conquérants les Mongols et les Mandchous.

Avec un tel état d'esprit, les Chinois ne sauraient s'assimiler directement des pensées aussi différentes des leurs que le sont celles de l'Europe, ils ne sont même pas aptes à les comprendre : il leur faut les recevoir par des intermédiaires. Les Japonais sont tout désignés pour remplir ce rôle et par suite en recueillir exclusivement les bénéfices. Ils ont même un moyen facile d'imposer à l'avenir leurs bienfaits, c'est la contribution de guerre. Un vainqueur habile et implacable ne saurait trouver mieux pour garder sous sa dépendance une nation vaincue. La contribution de guerre n'a pas pour objet de décharger le vainqueur des frais de la campagne, mais de maintenir sa suprématie. Tantôt on espace les versements pour empêcher le débiteur de se libérer, ou on lui impose une contribution exorbitante, qui plus tard servira de prétexte à une véritable saisie; tantôt on prend comme gages ses principales ressources financières, et on exploite à ses frais et contre lui ce qui aurait pu servir à son relèvement.

La Chine ne peut édifier un budget impérial que sur les produits du service des douanes, magnifique présent qu'elle a reçu des Anglais et qui gage déjà des emprunts faits chez eux. Si le Japon parvenait à en saisir la régie la Chine lui serait pour longtemps inféodée et le prestige de l'Angleterre subirait une grave atteinte.

V

Ce qu'il importe surtout de prévoir, c'est l'état d'esprit où se trouveront les populations jaunes lorsque après la paix des rapports stables s'établiront entre les deux pays.

L'empereur du Japon a fait la guerre par des motifs de haute politique, mais son peuple en le suivant a surtout cédé à la rancune. Sans avoir jamais subi la domination politique de la Chine, il a toujours été sous sa dépendance morale ; ce vasselage lui pesait ; de là, l'ardent désir d'humilier ceux dont on avait presque tout reçu. Le succès de la civilisation européenne vient en grande partie de ce qu'elle permettait une revanche éclatante ; mais les mêmes sentiments provoqueront d'ici peu la défiance, l'hostilité peut-être, contre les instructeurs qui ont rendu possible la victoire. Il serait si doux de vaincre une nation européenne après avoir contraint la Chine à s'humilier !

Lorsque ces sentiments se feront jour, les premiers coups pourront atteindre l'Angleterre, mais ne la viseront pas spécialement ; ce sera au périlleux honneur d'être la première dans le monde qu'elle devra d'être plus impliquée qu'une autre dans une lutte de race et non de pays. Sa cause sera donc celle des peuples caucasiques en présence des peuples jaunes; aussi tout en rivalisant d'activité sur le marché asiatique devront-ils mettre l'intérêt supérieur de la solidarité européenne bien au-dessus du gain immédiat. Ceux qui agiraient autrement ne seraient pas longtemps à s'en repentir.

Il ne faut pas songer à mettre obstacle à l'expansion des Japonais, il est trop tard. Peut-être leur soustrairait-on pour quelques années les légitimes trophées de leurs victoires; ils céderaient à la force sans s'y soumettre, continueraient en silence leurs préparatifs, organiseraient contre leurs imprudents adversaires la ligue des peuples jaunes, et, enfin prêts, enlèveraient de haute lutte ce qu'on n'aurait pas dû leur disputer. N'en déplaise aux Russes et aux Anglais, la mer du Japon, la mer Jaune, le golfe du Petchili même, sont dès maintenant des lacs japonais.

La jeune puissance n'est pas encore hostile à l'Europe, car il lui reste sur son propre territoire de quoi exercer son activité; elle porte son influence en Chine sans que son industrie soit en mesure d'entreprendre la transformation matérielle de ce pays; le conflit d'intérêts n'est donc pas né. Provoquer dès maintenant ce conflit serait une faute grave; elle déterminerait un rapprochement des deux empires, suivi de la création d'un concert des peuples jaunes groupés contre l'Europe et la combattant avec ses propres armes.

Néanmoins, le Japon s'organisera en vue de la lutte commerciale et les 15.000 kilomètres de chemins de fer qu'il possède déjà, les 70 vaisseaux de sa compagnie de navigation, le « Nippon Yusen Kaïska », la plus importante du globe, montrent ce que pourra devenir le grand Japon « Daï Nippon » lorsque avec les deux milliards enlevés à la Chine il commencera sur le continent les chemins de fer et les routes de pénétration. De là, la gravité des conséquences futures de la guerre à l'égard de l'Europe.

Les puissances européennes et l'Amérique auront à suivre à la fois, dans les mers de Chine, une politique commune et une politique nationale absolument nouvelles.

Toutes devront se montrer les amies du Japon et ne pas lier leur sort à celui de la Chine. Celle-ci considérera toujours les étrangers comme des barbares ; si elle reprend jamais la situation perdue, elle fabriquera ce qu'elle achète au dehors et nous fermera son marché. Si, au contraire, elle se démembre en Etats qui se développeront isolément sous des influences japonaises et européennes, il y aura tout avantage pour le commerce européen. Ce qu'il faut surtout, c'est se maintenir dans le pays et faire passer les intérêts commerciaux avant les satisfactions politiques.

Pour sauver leur influence morale au moment de la fédération probable des races jaunes, les Européens ne peuvent compter que sur l'action religieuse de leurs missionnaires. Sans modifier en quoi que ce soit la situation sociale du nouveau chrétien, ni ses devoirs envers sa patrie, le baptême l'introduit dans un monde nouveau, le rattache à la vieille Europe, lui en fait comprendre l'âme et les besoins.

Parmi toutes les nations chrétiennes, il en est une qui occupe, à ses yeux, un rang à part, qui est pour lui comme une marraine, c'est la patrie du missionnaire; elle est la grande nation chrétienne par excellence. Mais toutes les confessions religieuses écloses dans l'ancien monde n'ont pas la même valeur au point de vue colonial et chaque nation est liée à l'une ou à l'autre par des attaches historiques qu'elle peut difficilement rompre. La France, autour de laquelle l'Europe s'est groupée au temps des croisades, qui depuis n'a jamais cessé d'être la protectrice légale des chrétiens d'Orient, ne se concevrait pas plus envoyant des missionnaires protestants que l'Angleterre en envoyant de catholiques. Les deux pays sont liés par leur histoire religieuse. Les conséquences qui en découlent sont plus favorables à la France qu'à l'Angleterre.

Quelque vive que puisse être la piété des ministres anglicans, leur rôle religieux est toujours doublé d'un rôle commercial : ils sont chrétiens et marchands; même s'ils ne pratiquent pas le négoce, ils ne s'établissent pas sans esprit de retour dans la contrée qu'ils évangélisent ; ils y groupent des clients, non des frères en cette vie et en l'autre.

La doctrine protestante sur la vie future, sur l'efficacité des prières pour les morts, est moins consolante que la doctrine catholique et peu conciliable avec l'attachement des Chinois au culte des ancêtres. Les missions anglaises maintiennent toutes les différences ethniques et les irritantes prétentions de supériorité de la race blanche sur toutes les autres.

Peut-être les Européens bénéficieront-ils encore d'un autre avantage, mais sur lequel il ne faut pas outre mesure compter. Les Japonais se sont toujours assimilé d'une manière surprenante les idées et les mœurs des autres, ils les ont faites leurs en les transformant, mais ils n'ont pas montré le génie créateur qui constitue de toutes pièces. Ils ont débuté par des emprunts à la Chine, maintenant à l'Europe. Les Chinois se montrent inaptes à l'absorption de tout ce qui ne découle pas de leur civilisation propre : peut-être faudra-t-il un temps fort long pour changer le caractère de leur esprit, ce qui laissera aux Européens les avantages de l'avance déjà prise; mais l'aléa est bien considérable.

Nos gouvernants ne peuvent plus mettre en ligne de compte les vieux préjugés de race et de couleur; le monopole des peuples caucasiques est fini; sont de race supérieure ceux qui se sont montrés tels, et les Japonais ont fait cette preuve. Ils doivent être reçus sans arrière-pensée dans le concert des grandes puissances, mais avec des droits proportionnés à leurs intérêts actuels, non à leurs convoitises. La question des capitulations qui leur tient tant à cœur est, par la force des choses, tranchée dans leur sens; les Etats européens, pris peut-être un peu au dépourvu, doivent s'incliner devant le fait accompli, traiter avec la nouvelle puissance sur le pied de complète égalité diplomatique et tirer d'une situation qu'ils ne désiraient pas le parti le plus avantageux pour leurs nationaux.

Le premier mouvement des Russes et des Anglais a été de tirer l'épée; le premier mouvement n'est pas toujours le bon, c'est la mauvaise humeur non la sagesse qui l'inspire; la Russie a concentré des troupes sur la frontière, l'Angleterre a envoyé une escadre; c'étaient là des mesures prudentes, mais il est heureux que ces forces n'aient pas eu à servir.

Pourquoi risquer un échec militaire lorsque avec de l'habileté on peut obtenir des victoires diplomatiques suivies de conquêtes commerciales. Le réseau futur des voies ferrées chinoises est assez vaste pour enrichir toute l'Europe, le Japon et les Etats-Unis en même temps que la Chine elle-même, et il faut y joindre les canaux, les mines, les carrières, etc. C'est ce que l'on avait commencé à comprendre en Russie, témoin le passage suivant extrait du *Nouveau Temps* de Saint-Pétesbourg :

« Le Japon est devenu maintenant notre voisin immédiat. Nous avons étendu notre puissance des bords du Niémen jusqu'aux rives de l'océan Pacifique, fidèles ainsi à notre foi traditionnelle que notre marche vers l'est ne pouvait être arrêtée que par la mer. On a assuré que notre vrai Bosphore était sur l'océan Pacifique. Or, aujourd'hui, tous les observateurs perspicaces reconnaissent que le Japon lui-même est le roc, qui, un jour, arrêtera nos progrès. On eût dit que l'Europe était satisfaite de voir surgir cette nouvelle grande puissance. Si cela est le cas, c'est simplement parce que l'Europe a découvert que le Japon est notre rival.

» En présence de cet état de choses, le chemin de fer transsibérien prend une importance toute nouvelle, et, en présence des changements intervenus dans l'état politique, il doit prendre une direction différente. En tous cas, nous avons trop différé sa construction. Nous sommes convaincus que notre diplomatie se trouve en présence d'une grande tâche à accomplir. Il est absolument nécessaire d'avoir une connaissance exacte de la nouvelle situation politique et d'adopter une ligne de conduite constante et énergique.

» Or, il est très possible que les diplomates qui ont fait leur carrière en Europe soient imparfaitement préparés pour lutter contre ce nouvel état, qui est incontestablement puissant. Celui qui, le premier, saura se rendre compte de cette situation ainsi modifiée, et, qui saura, par son influence, la faire tourner au profit de son propre pays, sera le maître de cette situation nouvelle. »

L'Angleterre fera les plus grands efforts pour faire tourner à son profit la situation nouvelle dont parle le journal russe : il y va pour elle non seulement de l'intérêt actuel de son commerce, mais encore et surtout de la continuation de sa marche ascendante ou de la fin de sa suprématie. On ne saurait soutenir que l'Angleterre va tomber d'ici peu au rang de puissance de second ordre; ceux même qui la jalousent ou qui sont lésés par elle dans leurs intérêts ou dans leurs ambitions n'oseraient le souhaiter et si le fait arrivait, suivant le mot prononcé à la tribune par un de nos ministres des affaires étrangères, « ce jour-là, une grande lumière s'éteindrait sur le monde ». Néanmoins on ne peut nier que l'Angleterre n'entre dans l'une des phases les plus délicates de son histoire où la moindre faute politique peut avoir des conséquences exceptionnellement graves. Le développement maritime du Japon l'atteint plus qu'aucune autre puissance européenne; l'annexion de Formose et des Pescadores par un peuple entreprenant, dont les côtes étaient déjà plus étendues et plus riches que celles de l'Angleterre, de la Belgique et de la France réunies, aggrave encore une situation inquiétante; l'abaissement de la Chine la soustrait dans une large mesure à l'influence anglaise.

Dans la lutte pacifique qu'elle va soutenir contre les Japonais, l'Angleterre ne doit pas compter outre mesure sur ses missionnaires. Il lui faut rester ce qu'elle est : la nation commerçante et industrielle par excellence. Là est sa force et la faiblesse actuelle de ses rivaux ; le client, toujours routinier, change difficilement ses habitudes, même si les nouveaux produits qu'on lui offre sont meilleurs, et ceux fournis par l'Angleterre sont toujours excellents.

C'est là le présent; l'Angleterre doit aussi se préparer à l'avenir. Dans peu d'années, les Japonais prendront pied dans les mers qui jusqu'ici formaient le domaine exclusif des nations chrétiennes; peut-être à la même époque l'Angleterre aura-t-elle à déplorer la perte de tout ou partie de ses colonies de self-government. Elle devra modifier une fois encore son organisation politique pour ne pas déchoir dans cette situation nouvelle. On l'a connue d'abord vivant surtout de cabotage; alors beaucoup de marchandises chargées sur ses navires provenaient du continent; puis, forcée par ses luttes contre la France d'augmenter sa marine, de fournir le monde entier pendant le blocus continental, elle est devenue industrielle. Lorsque la marine japonaise égalera, dominera peut-être la sienne, elle deviendra puissance continentale comme la Russie ou la Chine. Le superbe empire africain qu'elle est en train d'édifier compensera les pertes éprouvées dans les trois autres parties du monde et s'ouvrira largement au trop-plein de la race anglo-saxonne. Il faut qu'il soit prêt lorsque les pertes probables se produiront ou que les colonies actuelles auront atteint leur population normale. Pour cela, l'Angleterre doit trancher rapidement et pour toujours les difficultés pendantes en Afrique ou ailleurs entre elle et d'autres pays, se concilier leur bienveillance par les concessions nécessaires et conquérir ainsi sa pleine liberté d'action là où elle en aura bientôt besoin.

La politique de la Russie est tout indiquée, elle doit finir au plus vite la construction du transsibérien. Par cette grande artère commerciale, la voie la plus courte pour atteindre l'Extrême Asie, les Russes auront barre sur les relations de l'Europe et du Japon. Plus tard même, lorsque les réseaux accessoires viendront s'y adjoindre, le centre du continent tombera de lui-même dans leur dépendance.

La France n'a pas intérêt à s'unir aux puissances qui tenteraient d'enrayer l'expansion japonaise, tout au contraire. Notre gouvernement ne saurait suivre avec trop de soin les événements qui se déroulent et les négociations qui s'engagent. Il doit repousser les conseils de quelques hommes oublieux des leçons de l'histoire, qui voudraient renoncer à toute politique coloniale et s'hypnotiser dans la contemplation de la trouée des Vosges, sans comprendre que l'abstention systématique est une abdication et qu'elle mène lentement, mais sûrement, à la mort nationale. S'il n'y a pas à intervenir maintenant, car la situation n'est pas mûre ou le moment en est passé, il faut être toujours prêt à le faire et ne pas laisser d'autres agir sans que la France y soit partie. Nos intérêts au Tonkin nous en donnent le droit incontestable, et ce qui se négocierait sans nous se négocierait contre nous. Les cessions territoriales surtout doivent être surveillées avec soin ; ni les Japonais ni aucune puissance ne peuvent être tolérés dans l'île d'Haïnan à quelque titre que ce soit; si des Etats européens recevaient quelque île ou quelque point du continent, des compensations équivalentes devraient être consenties à la France. Mais les devoirs du gouvernement français sont plus étendus et d'une nature plus haute; le mouvement de régénération de l'Extrême Asie commencé en 1867 n'est encore qu'à ses débuts, le Siam s'y engage, la Corée va suivre, la Chine fera de même. Il se créera aux confins de l'ancien monde un groupe d'Etats, un concert asiatique analogue au concert européen, analogue aussi au groupe d'Amérique que les Etats-Unis, au nom de la doctrine de Monroë, cherchent à réunir sous leur direction pour l'opposer à l'Europe. Dans ce groupe oriental, qui peut-être absorbera l'Océanie, le Japon aura une place prépondérante analogue à celle de l'Angleterre en Europe; mais la France, la Russie, la Hollande et l'Espagne y figureront au titre asiatique. Toutes, et la France surtout, doivent prévoir le rôle qu'elles auront à y jouer dans un avenir prochain et s'y préparer dès maintenant. La première puissance en Extrême-Orient ne sera pas celle qui saura dompter le Japon, mais celle qui sans se mettre dans sa dépendance saura par une alliance intelligente lui faciliter la réalisation de ses inévitables destinées. Si la rivalité maritime interdit ce rôle à l'Angleterre, il peut être pris par la France ou par la Russie. François Ier vaincu à Pavie et prisonnier n'a rien perdu de sa situation en Europe grâce à l'alliance conclue avec les Turcs et maintenue par ses successeurs. La situation actuelle étant sensiblement la même, il y a là un exemple à retenir et à imiter.

Si la civilisation caucasique n'a chance d'agir réellement sur la civilisation chinoise que présentée par un peuple familiarisé déjà avec l'une et l'autre, on peut dire que le Japon lui aussi ne sera reçu dans l'intimité de la famille européenne que sous les auspices de l'un des plus vieux membres de cette famille. La France en sachant faire à temps pour le Japon ce qu'elle a fait il y a trois siècles pour la Turquie peut devenir l'arbitre du monde au siècle prochain. L'éloignement et la différence de gouvernement, de race, de religion, garantiront toujours chacun des deux pays contre les empiètements possibles de l'autre, et leur accord, même sans traité formel, leur donnera la haute main partout. Rien ne résisterait à une coalition pacifique de la France, de la Russie et du Japon, et nulle alliance n'est mieux indiquée par les circonstances présentes.

***

Ce travail allait paraître lorsque la France et l'Allemagne ont cru devoir se joindre à la Russie pour empêcher les Japonais de prendre pied sur le continent dans le golfe du Petchili.

Malgré ce changement tardif et difficilement explicable dans l'attitude des puissances européennes, les considérations exposées plus haut gardent toute leur importance. Si une action coercitive est nécessaire pour sauvegarder l'intégrité de la Chine, l'union des trois puissances sera sans nul doute efficace, mais il est plus que douteux qu'elle soit utile et opportune.

Avec la marche rapide des événements actuels il se peut que la France soit engagée en Asie dans une guerre navale lorsque paraîtront ces lignes. Ce serait là une conséquence infiniment regrettable du désarroi produit en Europe par l'apparition de facteurs que nul ne soupçonnait encore.

La déclaration soudaine de la guerre, les succès rapides du Japon, la conclusion imprévue de la paix suivant le rejet hautain des premières avances de la Chine, n'étaient pas de nature à diminuer l'incertitude des gouvernements européens. Nul n'osait faire des pronostics que les événements démentiraient peut-être aussitôt. L'Angleterre, après avoir proposé d'intervenir avant la défaite de l'un des belligérants, n'a pas voulu ou osé agir seule ; ses ministres, d'ordinaire si prompts à prendre un parti définitif, sont restés longtemps perplexes lorsque les conditions imposées à la Chine leur ont été connues.

Les puissances européennes n'ont pu se mettre d'accord ; la Russie, la France et l'Allemagne se sont prononcées pour le maintien du *statu quo ante bellum*. L'Angleterre s'est inclinée devant les faits accomplis ; les autres Etats sont restés neutres.

Les motifs de la politique anglaise, développés à plusieurs reprises par le *Times*, sont des plus sérieux, et doivent convaincre quiconque n'a pas de parti pris. Dès le 19 avril, ce journal prévoyait les réserves de l'Europe et le refus des Japonais d'en tenir compte : « Quand on connaîtra les conditions mêmes du traité, la diplomatie européenne fera probablement semblant de les examiner. Mais si, comme cela est à supposer, les Japonais refusent d'écouter les conseils diplomatiques, il est difficile de concevoir qu'il y ait à redouter une intervention plus efficace. »

Il reprenait le 23 : « Nous ne prétendons pas que l'écrasement de la Chine et la victoire du Japon doivent être considérés par l'Europe, et en particulier par l'Angleterre, sans inquiétude. . . . .

» Mais aujourd'hui, un monde nouveau est né dans l'Extrême-Orient, il nous faut vivre avec lui e[illegible] tirer le meilleur parti possible. » Et le journal de la Cité concluait : « Le résultat permanent de la guerre qui est de beaucoup le plus sérieux pour l'Angleterre, à savoir l'apparition dans l'Extrême-Orient d'une grande puissance maritime, qu'elle soit notre amie ou qu'elle soit hostile, ne peut, en aucun cas, être altéré par la modification des conditions imposées à la Chine. C'est pourquoi nous croyons fermement que le gouvernement a eu raison de refuser de s'associer à une pression quelconque sur le Japon. » Dès ce moment, ces considérations avaient paru à tous si convaincantes, que l'intervention des trois puissances causa en Angleterre une réelle surprise ; c'était, disait-on, un véritable succès pour la Russie d'avoir fait soutenir ses intérêts exclusifs par la France et surtout par l'Allemagne ; mais le *Daily Telegraph* du 26 avril trouvait peu probable que le Japon cédât les avantages déjà conquis. Le *Times* doutait que la Russie, dont l'intérêt était évident, fût suivie jusqu'au bout par la France et l'Allemagne, « qui ne feraient que retirer pour elle les marrons du feu ».

En Allemagne, malgré le tempérament autoritaire

de l'empereur, la presse ne s'est résignée qu'avec peine à la politique d'intervention. Les réserves faites par elle sont on ne peut plus justes. Le *Tageblatt* constatait dès le 19 avril que la Russie était devenue ennemie irréconciliable du Japon, et y voyait une circonstance heureuse pour l'Allemagne qui, en suivant une politique toute différente, se créait des droits à la reconnaissance du Japon et s'assurait le monopole des fournitures pour sa marine.

Cette espérance très naturelle justifie l'attitude de la presse lorsqu'on sut que l'empire joignait sa protestation à celles de la Russie et de la France.

La *Gazette de Voss* du 24 déplore en ces termes la politique adoptée : « L'Allemagne s'attirera ainsi la haine du Japon, qui, jusqu'à présent, la considérait comme sa providence ».

La *Munchener Allgemeine Zeitung* déclare que les dommages qui résulteraient d'une brutale intervention seraient plus grands que les avantages illusoires dus à la revision du traité de Simonosaki. Et la *Gazette de Francfort* rappelle que l'Allemagne s'est aliéné la Russie, en aidant à détruire le traité de San-Stefano : « Va-t-on retomber dans la même faute à l'égard du Japon ? » La *Gazette de Voss* revient ensuite sur le même sujet; toute tentative pour mettre un frein au développement d'un peuple intelligent échouera misérablement ; les puissances qui veulent entraver l'essor des Japonais courent au-devant d'un échec certain; elles pourraient même amener un résultat imprévu que signale le *Bœrsen-Courrier*, la réconciliation de la Chine et du Japon aux dépens de l'Europe.

La France a les mêmes motifs que l'Angleterre et

l'Allemagne de ne pas entamer la lutte avec le vainqueur, car son écrasement même ne serait que temporaire et placerait près de nos colonies indo-chinoises un ennemi irréconciliable et entreprenant.

L'amitié de la Russie nous est précieuse : nous devons soutenir ses intérêts, mais il ne faut pas aller jusqu'à compromettre les nôtres. Il est même très douteux que les acquisitions continentales des Japonais soient un danger pour sa province maritime. La Russie est aussi forte que la Chine est faible; elle s'élève constamment et celle-ci décline sans cesse; ce serait folie de leur part de vouloir conquérir sur la première de ces puissances des territoires inférieurs de toutes façons à ceux qu'il serait facile d'arracher à la seconde. Tout leur conseille d'être les alliés les plus intimes des Russes.

Le Tzar a été sans doute frappé de la persévérance des vues politiques de l'empire chinois et de son contraste avec la nervosité du peuple japonais, nervosité qui se traduit par les attentats que les fanatiques soghi dirigent contre les étrangers malgré les efforts du gouvernement. Lui-même a reçu un coup de sabre d'un agent de police affilié à cette secte alors qu'il n'était encore que tzarevitch; plus récemment on a su l'attitude insultante de la population à l'égard des premiers plénipotentiaires chinois et l'attentat contre Li-Hong-Tchang. Tout cela est vrai, mais a également lieu en Chine, où les massacres de missionnaires prennent un caractère de cruauté froide qui révolte plus encore.

En Russie même, où l'armée nationale n'est pas engagée dans une guerre intéressant l'honneur du drapeau, l'exaltation est extrême et l'opinion publique veut faire imposer au mikado des conditions inacceptables. Au début de la campagne, avant les victoires japonaises sur le sol chinois, par exemple lorsque la bataille du Yalu venait de trancher la question coréenne, on pouvait intervenir utilement, offrir au mikado des compensations diplomatiques équivalentes aux sacrifices qui lui étaient demandés. Maintenant, il n'en est plus de même, il a fallu une coalition et la menace d'une intervention armée pour lui arracher des avantages conquis au prix du sang de ses sujets, reconnus par la Chine, et dont la perte ne peut que l'ulcérer profondément. Si le Japon avait refusé de se soumettre, les puissances intervenantes étaient acculées à une guerre dont le résultat était incertain ou à une humiliante reculade.

Au Japon le fanatisme patriotique est égal à ce qu'il était en Espagne lorsque Napoléon, populaire jusqu'alors dans la péninsule, y entreprit la campagne dont les conséquences ont précipité sa chute tout autant que la retraite de Russie. S'il y avait eu lutte, elle eût été sans merci, et la rivalité entre la race jaune et la race blanche se déchaînait de suite dans des circonstances où la première jouissait de nombreux avantages. Nous risquons de perdre, par une mesure adoptée trop tard, la situation morale lentement acquise près des Japonais et d'exposer nos nationaux à leur juste ressentiment. La Chine, que nous voulons sauver, ne nous en gardera aucune reconnaissance et peut-être se réconciliera contre nous avec son vainqueur. Sa gratitude même serait moins utile à l'Europe que la haine du Japon ne lui serait préjudiciable.

Les Russes cèdent à un sentiment très humain en ne voulant pas laisser prendre par un peuple nouveau venu sur la scène politique des provinces longtemps convoitées et dont ils escomptaient déjà l'acquisition. Les autres puissances croient que la Chine, restée debout après la bourrasque, est un empire trop riche et trop peuplé pour que son relèvement militaire ne soit pas rapide; le Japon alors tomberait au rang que peut avoir un peuple de 32 millions comparé à un peuple de 400, toutes choses égales d'ailleurs.

Ces prévisions pèchent par la base. Les Russes oublient que, par suite de l'échange qu'ils ont fait de l'île de Sakhalin contre les Kouriles, leur arsenal de Vladivostok, ou tout autre port du Pacifique, se trouvera dans une mer fermée où domineront toujours ceux dont leurs journaux froissent si imprudemment la susceptibilité nationale et les intérêts.

Les Chinois, dont l'Europe admire le courage malheureux, en se demandant avec inquiétude ce que seraient ces millions d'hommes armés et commandés à l'européenne, ont toutes les qualités du soldat, mais ne possèdent aucune de celles de l'officier et leur caractère leur défend presque de les acquérir.

Invincibles lorsqu'ils défendent une position retranchée, ils n'entendent rien à la stratégie. Les Japonais, bons soldats, sont manœuvriers intelligents et non moins marins habiles.

Il ne suffit pas de regarder sur une carte l'énorme surface couverte par l'empire chinois pour juger ce qu'il est; il faut, en outre, se rappeler sa formation et les rapports des parties qui le composent. La fameuse antiquité de cette civilisation, quatre fois millénaire, n'est vraie que pour une partie restreinte de la Chine propre. Ce n'est qu'au IIIe siècle avant notre ère que l'empire a eu pour limites : au nord la grande muraille, la mer à l'est, et qu'il a conquis les provinces méridionales, maintenant absolument chinoises. A l'ouest, il ne s'étendait pas, semble-t-il, au delà du 100e degré de longitude. Le Thibet fut conquis en 692 après J.-C. et garda ses souverains nationaux; cette région, en grande partie déserte, n'a jamais été assimilée. Les Tartares mongols et les Tartares mandchous, qui se sont emparés de la Chine au XIIIe et au XVIIe siècle, en ont adopté les mœurs, et ces conquêtes ont donné à l'empire son étendue actuelle. On doit donc y distinguer quatre ou plutôt trois parties bien distinctes : la Chine propre, le Thibet et les territoires tartares (Mongolie et Mandchourie), au nord du 40e de latitude. On peut exclure de suite le Thibet dont les Russes et les Anglais se disputeront un jour les cantons habitables sans que les Chinois puissent s'y opposer. Le centre de la vie politique, qui était primitivement sur le Yang-Tsé-Kiang, est graduellement remonté vers le nord à mesure que les attaques incessantes des tribus turco-mongoles se multipliant à l'ouest et au nord exigeaient une surveillance plus soutenue. Les princes mongols fixèrent après la conquête leur résidence à Pékin, vers 1260; c'était le triomphe de la Chine du nord sur celle du midi.

La chute de la dynastie mandchoue pourrait amener le résultat inverse. Les populations turco-mongoles qui de la Corée au Caucase forment une bande presque ininterrompue, et qui ont à diverses époques bouleversé l'Europe et l'Asie, sont déjà et seront de plus en plus soumises à l'influence russe. Les deux parties de la Chine ne se connaissent pas, et tout ce qui les séparerait plus encore, fût-ce même une intrusion japonaise sur le continent, aurait chance de profiter à la Russie.

Celle-ci n'aura jamais un port de guerre voisin du Japon et à l'abri de ses attaques; elle doit donc rester son amie. Son vrai port asiatique est du côté de la Perse ou du Baloutchistan entre l'Afrique et l'empire des Indes; c'est là qu'elle sera maîtresse.

L'Europe aussi aurait grand tort pour retarder la mort de l'empire chinois de se brouiller avec le Japon, maître de la mer. Celui-ci s'annexera la Corée et la Mandchourie méridionale, parce que ces conquêtes sont aussi indispensables à sa politique que peut l'être, pour la Russie, la possession d'un port accessible en tout temps. Si les Japonais doivent ajourner la satisfaction de cette nécessité politique jusqu'à l'époque plus ou moins lointaine d'une guerre heureuse contre un Etat européen, ils s'y prépareront dans un silencieuse activité et n'entameront la lutte qu'à coup sûr.

Ce jour-là, ce sera tant pis pour l'Europe, dont les flottes évacueront les mers de Chine; mais jusqu'alors elle vivra dans un état d'insécurité préjudiciable à son commerce et à la sécurité de ses nationaux; il faudra renforcer les escadres d'Orient, vivre sur un pied de paix armée à la fois énervante et ruineuse comme celle que la question d'Alsace-Lorraine a établie entre la France, l'Allemagne et l'Italie. Tout cela pour une erreur politique, car, le danger qu'offre pour l'Europe l'expansion japonaise, s'il existe, n'est pas du côté du Petchili, mais à Formose et aux Pescadores. La chaîne d'îles qui constitue l'empire du mikado lui permet de bloquer complètement la côte chinoise; or, si les provinces méridionales du vieil empire reprennent le pas sur celles du nord, il faut que l'accès en reste possible.

La présence des Japonais à Port-Arthur leur donne prise moins sur l'empire chinois que sur la dynastie mandchoue, dont le siège est à Pékin, à l'extrémité orientale de provinces qui un jour tomberont d'elles-mêmes aux mains des Russes. C'est là qu'on veut les empêcher d'essuyer les plâtres en les laissant libres de fermer la mer au sud du côté où se développera la Chine de l'avenir.

Malgré les attaques dont elle a été l'objet en Russie et en France, c'est l'Angleterre qui a su le mieux se ressaisir et par sa prévoyance ajourner pour un certain temps le coup dont la menace l'apparition de la marine japonaise. Elle a proposé l'intervention lorsqu'elle était opportune et s'y refuse maintenant qu'elle ne peut plus faire que du mal. Comme le dit le *Times, les mesures que l'on pourrait prendre ne changeraient rien au seul fait qui soit à considérer et qui reste définitivement acquis : l'apparition d'une grande puissance maritime nouvelle.*

Mais l'attitude prudente de l'Angleterre, ses avances au Japon, ne font qu'ajourner une lutte inévitable, car deux puissances maritimes ne peuvent occuper à la fois la première place.

Et de même l'erreur politique des Russes retarde une alliance qu'impose aux trois pays leur situation géographique. L'alliance du Japon, de la France et de la Russie aurait pu se faire de suite; maintenant elle est remise à l'époque lointaine peut-être où les froissements auront disparu ; ce sera l'industrie américaine qui profitera de nos fautes ; mais cette autre triple alliance est dans la logique des événements et ne peut manquer de se conclure.

FIN

Paris et Limoges. — Imprimerie militaire Henri Charles-Lavauzelle

www.ingramcontent.com/pod-product-compliance
Lightning Source LLC
LaVergne TN
LVHW010105230826
846091LV00005B/2097
* 9 7 8 2 0 1 2 8 7 1 4 1 0 *